BEI GRIN MACHT SICH IHR WISSEN BEZAHLT

- Wir veröffentlichen Ihre Hausarbeit, Bachelor- und Masterarbeit

- Ihr eigenes eBook und Buch - weltweit in allen wichtigen Shops

- Verdienen Sie an jedem Verkauf

Jetzt bei www.GRIN.com hochladen und kostenlos publizieren

Arten der Weiterbildung von Ärztinnen und Ärzten. Sind sie Networker oder Einzelkämpfer?

Sabine Stoll

Bibliografische Information der Deutschen Nationalbibliothek:

Die Deutsche Nationalbibliothek verzeichnet diese Publikation in der Deutschen Nationalbibliografie; detaillierte bibliografische Daten sind im Internet über http://dnb.d-nb.de abrufbar.

ISBN: 9783346699602
Dieses Buch ist auch als E-Book erhältlich.

Druck und Bindung: Books on Demand GmbH, Norderstedt Germany
Gedruckt auf säurefreiem Papier aus verantwortungsvollen Quellen

Das vorliegende Werk wurde sorgfältig erarbeitet. Dennoch übernehmen Autoren und Verlag für die Richtigkeit von Angaben, Hinweisen, Links und Ratschlägen sowie eventuelle Druckfehler keine Haftung.

Das Buch bei GRIN: https://www.grin.com/document/1189831

Networker oder Einzelkämpfer? Über die Weiterbildung von Ärztinnen und Ärzten

Autorin: Sabine Stoll-Oettrich

Titel: Networker oder Einzelkämpfer? Über die Weiterbildung von Ärztinnen und Ärzten

Gehalten als Vortrag im Rahmen der Masterstudie der Autorin an der Fachhochschule Oberösterreich, Campus Hagenberg, im August 2015.

Inhalte

1 Einführung

Die Medizin gehört zu denjenigen gesellschaftlichen Branchen, die sich rasant entwickeln. Besonders Ärztinnen und Ärzte als medizinische Fachkräfte müssen mit dieser Entwicklungsgeschwindigkeit mithalten, aktuelle Studienergebnisse kennen und über neue medizinische Technologien und Therapiemöglichkeiten informiert sein. Im Gegensatz zu anderen Berufen ist eine ständige und regelmäßige Weiterbildung nicht nur ein Selbstanspruch vieler Medizinerinnen und Mediziner, sondern auch gesetzlich vorgeschrieben. Tatsächlich ist die medizinische Fortbildung in Deutschland, Österreich und der Schweiz streng reguliert. In allen drei Ländern müssen praktizierende medizinische Fachkräfte eine bestimmte Anzahl von Fortbildungspunkten absolvieren.

Ein aktueller Kenntnisstand ist für eine adäquate Behandlung und Therapie der Patientinnen und Patienten außerordentlich wichtig. Doch – wie gehen die Medizinerinnen und Mediziner mit dieser Herausforderung um? Welche Art der Weiterbildung bevorzugen sie? Lernen sie lieber allein im «stillen Kämmerlein» oder sind sie aktive Networker?

In einer qualitativen sozialwissenschaftlichen Studie, die im Rahmen der Masterarbeit der Autorin entstand, geht Sabine Stoll-Oettrich genau diesen Fragen nach. Die theoretische Basis wird dabei mit der konnektivistischen Lerntheorie des kanadischen Wissenschaftlers George Siemens gelegt. Die Studie zeigt eine konkrete Typologie verschiedener Lerntypen auf, die sich doch wesentlich in ihren Bedürfnissen nach Austausch und Qualität der Weiterbildung unterscheiden.

2 Studie

Die Studie fand in einem Zeitraum von rund zwölf Monaten statt und war Basis für die Masterarbeit der Autorin. Als Besonderheit darf genannt werden, dass das Forschungsprojekt in Kooperation mit dem pharmazeutischen Unternehmen *Janssen-Cilag* durchgeführt wurde. Im Auftrag des genannten Unternehmens sollten das Thema Community Building im Hinblick auf die medizinische Weiterbildung von Ärztinnen und Ärzten näher beleuchtet werden. Die entstandene Masterarbeit erhielt den Titel «Medizinische Weiterbildung als vernetzte Praxis? Eine Betrachtung ärztlicher Lernprozesse aus konnektivistischer Perspektive».

Die Studie wurde nach sozialwissenschaftlichen Standards durchgeführt. Es handelte sich um eine qualitative Studie. Befragt wurden insgesamt 15 Ärztinnen und Ärzte in Österreich und der Schweiz. Auf Basis eines Leitfadens führte die Autorin mit allen Studienteilnehmerinnen und -teilnehmern qualitative Interviews. Diese wurden anschließend sorgfältig mit der Dokumentarischen Methode ausgewertet. Das entstandene Material war äußerst reichhaltig, sodass die Auswertung rund ein Vierteljahr in Anspruch nahm.

Anzahl Interviews	15
Anzahl Männer Anzahl Frauen	8 7
Länder	Schweiz Österreich
Altersspanne	30 bis 55 Jahre

Tabelle 1: Studiendetails

Bei der Auswahl der Probandinnen und Probanden wurde auf eine möglichst große soziodemografische Vielfalt geachtet, um unterschiedlichste Meinungen erfassen und miteinander vergleichen zu können. Die befragten Ärztinnen und Ärzte waren zwischen 30 und 55 Jahren alt. Ihre berufliche Position reichte von Turnusärztinnen und -ärzten bis hin zu Fachkräften mit Führungsverantwortung und Habilitation. Das Geschlechterverhältnis war mit sieben Frauen und acht Männern annähernd gleich. Außerdem wurden mehrheitlich in Spitälern tätige Medizinerinnen und Mediziner befragt. Nur wenige waren niedergelassene Ärztinnen und Ärzte. Zudem gab es mehr Befragungen in Österreich als in der Schweiz. Grund dafür war der Adresspool, der von *Janssen-Cilag* zur Verfügung gestellt wurde.

3 Studienergebnisse

3.1 Theoretische Grundlagen

Die theoretische Grundlage der Studie bildet die Lerntheorie des Konnektivismus. Sie wurde von dem kanadischen Wissenschaftler George Siemens entwickelt. Im Gegensatz zu anderen Lerntheorien legt der Konnektivismus seinen Fokus auf die Vernetzung der Lernenden untereinander und mit weiteren Lernquellen.

Siemens beschreibt dabei die Vorstellung, dass es ein Wissensnetzwerk gibt, das aus Lehrkräften, Expertinnen und Experten sowie anderen Lernenden besteht. Teil des Netzwerks sind außerdem Bücher, Zeitschriften, Websites und anderen Quellen. Die Lernenden erarbeiten sich mit ihrer wachsenden Kompetenz, die sie im jeweiligen Gebiet erhalten, dieses Netzwerk und dringen immer tiefer darin ein.

3.2 Typologie

Im Zentrum der wissenschaftlichen Arbeit stand die Herausarbeitung einer Typologie. Die Interviews wurden unter anderem danach untersucht, ob sich darin fallübergreifende Muster finden. Entsprechend wurden sie miteinander verglichen und kontrastiert.

Insgesamt konnten vier unterschiedliche Typen herausgearbeitet werden. Diese Typen kann man sich als Idealbilder oder Schablonen medizinischer Realität vorstellen. Ähnlich wie Personas können die Typen dazu benutzt werden, Nutzerszenarien zu entwickeln oder passende Marketingangebote anzubieten.

3.3 Typus I

Typus I ist zwischen 30 und 40 Jahren alt und steht noch am Anfang seiner Karriere. Auch Medizinerinnen und Medizinern in Ausbildung zählen dazu. Dieser Typ hat einen hohen Wissensdrang; der spitalsinterne Austausch hat eine hohe Bedeutung. Bei der Weiterbildung liegt der Fokus auf Literatur und grundständiger Fortbildung.

Geeignete Angebote
– Onlineforen
– Weiterführende Informationen
– Kostengünstige Angebote
– Betonung der DFP-Zertifizierung

– Empfehlung der Weiterbildung durch Abteilungen/Spitäler und medizinische Gesellschaften
– Überblicks- & Einstiegskurse
– Mobiles Üben/Üben am Computer
– Aufgezeichnete Vorträge zum Nachhören

3.4 Typus II

Typus II ist älter als Typus I und ungefähr zwischen 35 und 50 Jahre alt. Die Altersspanne ist hier also deutlich grösser. Zu diesem Typus zählen Fach- und Oberärztinnen und -ärzte, die bereits einige Jahre Berufserfahrung haben. Ihr Wissensstand ist konsolidiert. Austausch außerhalb und innerhalb des Spitals ist ein selbstverständlicher Teil der Berufspraxis. Weiterbildungen werden eher nach pragmatischen Gesichtspunkten ausgewählt.

Geeignete Angebote
– Kostengünstige Angebote
– Betonung der DFP-Zertifizierung
– Empfehlung der Weiterbildung durch Meinungsführer & medizinische Gesellschaften
– Vertiefende Thematiken, Randthematiken
– Im Fachgebiet bekannte Koryphäen
– Blended Learning
– Praxisnahe Angebote mit Übungen

3.5 Typus III

Der dritte Typus umfasst eher männliche Ärzte, auch wenn Ärztinnen hier nicht zwangsläufig ausgeschlossen sind. Der Typus umfasst Oberärzte, Ärzte in Führungspositionen und mit primär wissenschaftlichen Aufgaben. Typus III hat einen sehr hohen Wissensdrang und ist karriereorientiert. Netzwerken passiert hier regelmässig und gezielt, vor allem auf Kongressen und ähnlichen Veranstaltungen. Die Medizinerinnen und Mediziner nutzen verstärkt Präsenzveranstaltungen, was ihrem Bedürfnis nach Vernetzung nachkommt.

Geeignete Angebote
– Präsenzveranstaltungen
– Vorträge von wissenschaftlich anerkannten Persönlichkeiten
– Sehr spezialisiertes Fachwissen im Fokus
– Webinare

3.6 Typus IV

Dieser Typus umfasst Ärztinnen und Ärzte ab ungefähr 45 Jahren, die sich in einer höheren beruflichen Position befinden. Sie haben bereits langjährige Erfahrung in ihrem Beruf und einen konsolidierten Wissensstand. Der Fokus dieses Typus liegt auf Fachliteratur und wissenschaftlichen Quellen; ein Austausch ist weniger wichtig.

<u>Geeignete Angebote</u>
– Im Fachgebiet bekannte Persönlichkeiten
– Wissenschaftlich orientierte Vorträge
– Weiterführende Informationen, transparente Quellenangaben
– Inkludierte Expertenforen/Diskussionen
– Webinare

4 Schlussfolgerungen

4.1 Zielgruppenspezifische Angebote schaffen

Die Typologie zeigt eindeutig, dass zielgruppenspezifische Angebote geschaffen werden sollten. In den Interviews zeigte sich deutlich, dass Medizinerinnen und Mediziner sich – je nach Typus – deutlich in ihren Weiterbildungsbedürfnissen voneinander differenzieren. Unterscheidungsachsen sind dabei vor allem Fachgebiet, berufliche Stellung und Karriereorientierung.

Konkret könnten mögliche Angebote je nach Typus angepasst werden. Beispielsweise beschwerte sich Typus III über die umfangreiche Informations- und Mailflut. Einladungen und Reminder für Weiterbildungskurse sollten also eher sparsam verwendet werden. Ganz anders sieht die Situation bei den jüngeren und sich teilweise noch in Ausbildung befindlichen Fachkräften aus. Diese Zielgruppen dürfen eher noch stärker umworben werden.

Es gilt also, Zielgruppen sehr genau zu ermitteln und sich in die jeweiligen Besonderheiten hineinzudenken, wenn Weiterbildungsangebote zur Verfügung gestellt werden.

4.2 Unterschiedliche Austauschmöglichkeiten anbieten

Die von der Autorin vorgestellte Typologie entfaltet sich vor allem auch am unterschiedlichen Austauschbedürfnis der Medizinerinnen und Mediziner. Bei der Konzeption und Bewerbung von medizinischer Weiterbildung sind diese verschiedenen Vernetzungsbedürfnisse unbedingt zu beachten. Ein Angebot passt hier nicht zwangsläufig auf alle Ärztinnen und Ärzte der gleichen Fachrichtung oder beruflichen Stellung.

Vertreterinnen und Vertreter von Typus I beispielsweise tauschen sich gerne aus; agieren auf Präsenzveranstaltungen aufgrund ihrer noch fehlenden Erfahrung eher zurückhaltend. Für diese Gruppe sind Onlineangebote interessant, in denen die Hürden niedriger sind, Fragen zu stellen und sich austauschen zu können.

Erfahrene medizinische Fachkräfte hingegen sind gegenüber Onlineangeboten wie beispielsweise Foren eher misstrauisch, da sie nach Quellen und Plattformen mit hoher wissenschaftlich-medizinischer Qualität suchen. Webinare mit Expertinnen und Experten wären eine Möglichkeit, diese Gruppe zufrieden zu stellen. Auch für Typus III kann es sinnvoll sein, eher informelle Austauschmöglichkeiten in Weiterbildungsangebote und Kurscurricula zu integrieren.

4.3 Niedrige Kurskosten in Pilotphase

Viele Ärztinnen und Ärzte haben sich daran gewöhnt, dass pharmazeutische Unternehmen ihre Weiterbildung finanzieren. Der (gefühlte) Rückgang solcher Angebote wird mit Bedauern wahrgenommen. Gerade Typus II ist auf die Finanzierung von Weiterbildungsangeboten sogar angewiesen. Wenn Fortbildung also kostenpflichtig angeboten werden soll, stellt dies in der Kommunikation eine Herausforderung dar. In der Pilotphase sollten deshalb eher niedrige Preise angeboten werden. In den Interviews wurde von den Ärztinnen und Ärzten dabei eine Spanne von 200 bis 300 Euro pro Tagesveranstaltung angegeben.

Auch bei Blended-Learning-Angeboten muss bei der Kommunikation unbedingt der Mehrwert dieser Veranstaltungen betont werden – gerade eben dann, wenn die Fortbildung kostenpflichtig ist. Gerade bei Onlineangeboten wird oft nur der vergleichsweise hohe Preis gesehen – und weniger Vorteile wie Zeitersparnis.

4.4 Vertrauen durch Experten und anerkannte Organisationen

Eine wichtige Orientierung vor allem für Typus I und II ist die Qualität der Weiterbildung. Angebote werden nur dann wahrgenommen, wenn diese als ausreichend hoch eingeschätzt wird und sich deshalb die Investition von Zeit und Kosten darin lohnt. Ob eine Fortbildung seriös ist und sich lohnt, wird oft über die Teilnahme der Dozentinnen und Dozenten eingeschätzt. Anerkannte Expertinnen und Wissenschaftler sind also ein wichtiger Qualitätsgarant für medizinische Fachkräfte.

Bei der Kommunikation von Kursangeboten, Kongressen oder anderen Angeboten dürfen also die Kursleiterinnen und -leiter, deren Namen, Reputation, Erfahrung und Fähigkeiten stärker in den Mittelpunkt gestellt werden. Statt beispielsweise nur den Namen der Dozentin in der Kursübersicht zu nennen, kann das Renommé dieser Person ausführlich dargestellt werden.

Ein weiterer wichtiger Punkt, um das Vertrauen der Ärztinnen und Ärzte zu gewinnen, ist eine sichtbare Zusammenarbeit mit medizinischen Fachgesellschaften und anderen anerkannten medizinischen Organisationen. Denn in den Interviews zeigte sich deutlich, dass den Fachgesellschaften und Ärztekammern stark vertraut wird. Konkret können beispielsweise Zitate, die entsprechenden Logos oder entsprechende Vermerke auf Online- und Printmedien platziert werden.

4.5 Weg vom didaktischen Fokus

Die befragten Medizinerinnen und Mediziner konnten nichts mit didaktischen Fachwörtern anfangen. Wichtig ist ihnen vor allem, dass die Kurse inhaltlich spannend sowie der Ablauf verständlich dargestellt sind. Begriffe wie *Webinar* oder *Blended Learning* sind nicht interessant, da diese nur die Lernform und Technik zeigen. Die konkreten Inhalte und effektiven Vorteile sind spannender für die potentiellen Teilnehmenden: Blended Learing bedeutet Zeitersparnis, beim Webinar können die Ärztinnen und Ärzte Fragen stellen, usw.

Die Interviews zeigten zudem deutlich, dass der Frontalvortrag als Form der Wissensweitergabe akzeptiert ist. Unter *E-Learning* verstanden die Befragten in erster Linie aufgezeichnete Vorträge – und lehnten diese eher ab.

Für die Medizinerinnen und Mediziner hängt die Qualität der Weiterbildung also nicht vom Format ab, sondern von anderen Kriterien wie dem Thema oder der Expertise der Dozentinnen und Dozenten.

4.6 Weiterführende Informationen anbieten

Gerade für die Typen I und IV ist die Bereitstellung weiterführender Informationen interessant. Dies ist auch ganz im Sinne der konnektivistischen Lerntheorie nach George Siemens. Als weiterführende Informationen sind u. a. ergänzende Videos, PDF-Dokumente oder Links zu passenden wissenschaftlichen Journals geeignet.

Nicht alle Ärztinnen und Ärzte haben Zugang zu wissenschaftlichen Datenbanken wie PubMed oder UpToDate – gerade für solche Fachkräfte könnte auch ein solcher Zugang im Rahmen einer Fortbildung spannend sein. Von allen Interviewpartnerinnen und -partnern wurden die beiden Plattformen als gängiges und beliebtes Mittel zur Recherche medizinischer Fachinformationen angegeben.

5 Bibliografie

Andreasen, L. B. (2005). Dialogues on the Net. Establishing student collaboration in virtual learning environments. In B. Hudson, S. Kiefer, M. Laanpere & J. Rugelj (Hrsg.), Elearning in Higher education (S. 31–46). Linz: Universitätsverlag Rudolf Trauner.

Arnold, P. (2003). Kooperatives Lernen im Internet. Qualitative Analyse einer Community of Practice im Fernstudium. Münster:Waxmann.

Arnold, R. & Rohs, M. (2014). Von der Lernform zur Lebensform. In K. W. Schönherr & V. Tiberius (Hrsg.), Lebenslanges Lernen: Wissen und Können als Wohlstandsfaktoren (S. 21–28). Wiesbaden: Springer.

Bader, R. (2001). Learning Communities im Internet. Aneignung von Netzkompetenz als gemeinschaftliche Praxis. Eine Fallstudie in der pädagogischen Weiterbildung. Münster: LIT.

Baumgartner, P. (2003). E-Learning: Lerntheorien und Lernwerkzeuge. Österreichische Zeitschrift für Berufsbildung, 21(3), 3–6.

Baumgartner, P. & Payr, S. (1994). Lernen mit Software. Innsbruck, Wien, Bozen: Studienverlag.

Bohnsack, R. (1989). Alltagsinterpretation und soziologische Rekonstruktion. Opladen: Westdeutscher Verlag.

Bohnsack, R. (2007). Rekonstruktive Sozialforschung. Opladen:Westdeutscher Verlag.

Bohnsack, R. (2013). Typenbildung, Generalisierung und komparative Analyse: Grundprinzipien der dokumentarischen Methode. In: Die dokumentarische Methode und ihre Forschungspraxis. Grundlagen qualitativer Sozialforschung (S. 241–270). Wiesbaden: Springer.

Bohnsack, R., Nentwig-Gesemann, I. & Nohl, A. (Hrsg.). (2013). Die dokumentarische Methode und ihre Forschungspraxis. Grundlagen qualitativer Sozialforschung (3. Aufl.). Wiesbaden: Springer.

Bohnsack, R., Nentwig-Gesemann, I. & Nohl, A. (2013). Einleitung: Die dokumentarische Methode und ihre Forschungspraxis. Grundlagen qualitativer Sozialforschung. In: Die dokumentarische Methode und ihre Forschungspraxis. Grundlagen qualitativer Sozialforschung (S. 8–32). Wiesbaden: Springer.

Brown, R. E. (2001). The Process of Community Building in Distance Learning Classes. Journal of Asynchronous Learning Networks, 5(2), 18–35.

Jungk, M. Lohmann & H. H. Meyer (Hrsg.), Anders arbeiten in Bildung und Kultur. Kooperation und Vernetzung als soziales Kapital (S. 15–30). Weinheim, Basel: Beltz.

Czauderna, A. (2014). Lernen als soziale Praxis im Internet. Objektiv hermeneutische Rekonstruktionen aus einem Forum zum Videospiel Pokémon. Wiesbaden: Springer.

Dewey, J. (1930). Demokratie und Erziehung. Eine Einleitung in die philosophische Pädagogik. Breslau: Hirt.

Dewey, J. (1998). Die Suche nach Gewißheit. Eine Untersuchung des Verhältnisses von Erkenntnis und Handeln. Frankfurt/Main: Suhrkamp.

Erpenbeck, J. & Sauter,W. (2013). So werden wir leben! Kompetenzentwicklung in einer Welt fühlender Computer, kluger Wolken und sinnsuchender Netze. Berlin, Heidelberg: Springer.

Grillberger, K. (2001). AZG – Arbeitszeitgesetz: Mit den wichtigen Verordnungen und der Arbeitszeit-Richtlinie (3. Aufl.). Wien: Manz.

Härlen, I., Simons, J. & Vierboom, C. (2004). Die Informationsflut bewältigen. über den Umgang mit Informationen zu Lebensmitteln aus psychologischer Sicht. Heidelberg: Dr. Rainer Wild-Stiftung.

Harney, K. (1994). Form und Gegenform. Zur Funktion sozialer Netzwerke. In F. Hagedorn, S. Jungk, M. Lohmann & H. H. Meyer (Hrsg.), Anders arbeiten in Bildung und Kultur. Kooperation und Vernetzung als soziales Kapital (S. 31–44).Weinheim, Basel: Beltz.

Heidenreich, M. (2003). Die Debatte um dieWissensgesellschaft. InWissenschaft in der Wissensgesellschaft. Wiesbaden: Springer.

Holm, M. (1997). Pharmamarketing. Interaktive Kommunikation zwischen einer Pharmafirma und den Ärzten (Magisterarb., Johannes Kepler Universität Linz).

Hölzl, E. (1994). Qualitatives Interview. In Arbeitskreis Qualitative Forschung (Hrsg.), Verführung zum Qualitativen Forschen. Eine Methodenauswahl (S. 61–68).Wien: WUV-Universitätsverlag.

Hornbostel, M. H. (2007). E-learning und Didaktik. Didaktische Innovationen in Online-Seminaren. Boizenburg: Hülsbusch.

Jo-Kim, A. (2000). Community Building on the Web. Secret Strategies for Successful Online Communities. Berkeley: Peachbit Press.

Jungk, S. (1994). Kooperation und Vernetzung. Strukturwandel als Kompetenzanforderung. In F. Hagedorn, S. Jungk, M. Lohmann & H. H. Meyer (Hrsg.), Anders arbeiten in Bildung und Kultur. Kooperation und Vernetzung als soziales Kapital (S. 61–67).Weinheim, Basel: Beltz.

Kaiser, A. (2001). ELearning:Verbesserte Motivation durch Spiel? (Magisterarb., Johannes-Kepler-Universität Linz).

Kamin, A.-M. (2013). Beruflich Pflegende als Akteure in digital unterstützten Lernwelten. Empirische Rekonstruktion von berufsbiografischen Lernmustern. Wiesbaden: Springer.

Kirschner, P. A., Sweller, J. & Clark, R. E. (2006). Why Minimally Guided Instruction Does not Work: an Analysis of the Failure of Constructivist, Discovery, Problem-based, Experiential, and Inquiry-based Teaching. Educational Psychologist, 41(2), 75–86.

Klech, H. (2013). Wer professionalisiert die 'Professionals'? Life Long Learning: Qualitätsaspekte der postgraduellen Aus- und Fortbildung in der Medizin. In R. Kray, C. Koch & P. T. Sawicki (Hrsg.), Qualität in der Medizin dynamisch denken. Versorgung – Forschung – Markt (S. 187–198). Wiesbaden: Springer.

Kneer, G. (2009). Akteur-Netzwerk-Theorie. In Handbuch Soziologische Theorien. Wiesbaden: Springer.

Krämer, M. (2014). Im eigenen Leben zu Hause. Von der notwendigen Unfunktionalität von Bildung. In K. W. Schönherr & V. Tiberius (Hrsg.), Lebenslanges Lernen: Wissen und Können als Wohlstandsfaktoren (S. 37–65). Wiesbaden: Springer.

Kübler, H.-D. (2009). Mythos Wissensgesellschaft. Wiesbaden: Verlag für Sozialwissenschaften.

Latour, B. (2007). Reassembling the social: An Introduction to Actor-Network- Theory. Oxford: University Press.

Lave, J. (1991). Situated learning in communities of practice. In L. B. Resnick, S. Teasley&J. M. Levine (Hrsg.), Perspectives on socially shared cognition (S. 63–82).Washington: Amer Psychological Association.

Mannheim, K. (1964). Wissenssoziologie. München: Luchterhand.

Mannheim, K. (1980). Eine soziologische Theorie der Kultur und ihrer Erkennbarkeit. Konjunktives und kommunikatives Denken. In Karl Mannheim. Strukturen des Denkens (S. 155–322).

Mikloweit, T. (2007). Social Software – Zusammengehörigkeit und Demokratisierung im Web 2.0. In T. Kollmann & M. Häsel (Hrsg.), Web 2.0 – Trends und Technologien im Kontext der Net Economy (S. 53–68). Wiesbaden: Springer.

Mogalakwe, M. (2006). The Use of Documentary Research Methods in Social Research. African Sociological Review, 10(1).

Moser, K., Preising, K., Göritz, A. S. & Paul, K. (2002). Steigende Informationsflut am Arbeitsplatz: belastungsgünstiger Umgang mit elektronischen Medien. Dortmund, Berlin, Dresden: Bundesanstalt für Arbeitsschutz und Arbeitsmedizin.

Münch, R. (1992). Dialektik der Kommunikationsgesellschaft. Frankfurt/Main: Suhrkamp.

Nohl, A. (2012). Interview und dokumentarische Methode. Anleitungen für die Forschungspraxis. Wiesbaden: Springer.

Nohl, A. (2013). Relationale Typenbildung und Mehrebenenvergleich.Neue Wege der dokumentarischen Methode. Wiesbaden: Springer.

Nohl, A., von Rosenberg, F. & Thomsen, S. (2015). Bildung und Lernen im biographischen Kontext. Empirische Typisierungen und praxeologische Reflexionen. Wiesbaden: Springer.

Pasuchin, I. (2009). Medienkompetenz im E-learning. Eine medienpädagogische Perspektive auf mediendidaktische Diskurse. In U. Dittler, J. Krameritsch, N. Nistor, C. Schwarz & A. Thillosen (Hrsg.), E-learning: eine Zwischenbilanz. Kritischer Rückblick als Basis eines Aufbruchs (S. 149–164). Münster:Waxmann.

Paul, C. & Runte, M. (1999). Community Building. In S. Albers, M. Clement, K. Peters & B. Skiera (Hrsg.), ECommerce – Einstieg, Strategie und Umsetzung im Unternehmen (S. 49–64). Frankfurt am Main: IMK.

Przyborski, A. (2004). Gesprächsanalyse und dokumentarische Methode: Qualitative Auswertung von Gesprächen, Gruppendiskussionen und anderen Diskursen. Wiesbaden: Springer.

Przyborski, A.&Wohlrab-Sahr, M. (2014). Forschungsdesigns für die qualitative Sozialforschung. In N. Bauer & J. Blasius (Hrsg.), Handbuch Methoden der empirischen Sozialforschung (S. 117–134). Wiesbaden: Springer.

Reimann, S. (2013). Die medizinische Sozialisation. Rekonstruktion zur Entwicklung eines ärztlichen Habitus. Wiesbaden: Springer.

Renz, F. (2007). Praktiken des Social Netnetwork. Eine kommunikationssoziologische Studie. Boizenburg: Hülsbusch.

Reuter, A. (2014). Ärztliche Verordnungspraktiken. Perspektiven am Beispiel der Diabetikerbehandlung. Wiesbaden: Springer.

Rosa, H. & Celikates, R. (2013). Beschleunigung und Entfremdung: Entwurf einer kritischen Theorie spätmoderner Zeitlichkeit. Frankfurt/Main: Suhrkamp.

Sauter, W. & Sauter, S. (2013). Workplace Learning. Integrierte Kompetenzentwicklung mit kooperativen und kollaborativen Lernsystemen. Wiesbaden: Springer.

Schachtner, C. (2008). Learning Communities – das Bildungspotential kollaborativen Lernens im virtuellen Raum. In C. Schachtner & A. Höber (Hrsg.), Learning Communities. Das Internet als neuer Lern- undWissensraum (S. 11–42). Frankfurt/New York: Campus.

Scheuch, E. K. (1993). Netzwerke. In D. Reigber (Hrsg.), Social Networks. Neue Dimensionen der Marktführung (S. 95–132). Düsseldorf, Wien, New York, Moskau: Econ.

Schmitz-Luhn, B.&Bohmeier, A. (Hrsg.). (2013). Priorisierung in der Medizin. Kriterien im Dialog. Wiesbaden: Springer.

Schned, T. (2009). Spontane Interaktion in virtuellen Communities am Beispiel einer Echtzeit-Sportwetten-Community (Magisterarb., Johannes-Kepler- Universität Linz).

Schoen, S. (2001). Gestaltung und Unterstützung von Communities of Practice. München: Herbert Utz.

Schönherr, K. W. & Tiberius, V. (Hrsg.). (2014). Lebenslanges Lernen: Wissen und Können als Wohlstandsfaktoren.Wiesbaden: Springer.

Siebert, H. (2007). Vernetztes Lernen. Systemisch-konstruktivistische Methoden der Bildungsarbeit (2. Aufl.). Augsburg: Ziel.

Siemens, G. (2006). Knowing Knowledge. Lulu.com.

Theunert, H. (2011). Jugend zwischen medialer Informationsflut und Informationsproduktion. Alles auf dem Schirm, 69–86.

Vygotsky, L. S. (1978). Mind in Society. Cambridge: MIT Press.

Vygotsky, L. S. (1986). Thought and language. Cambridge: MIT Press.

Wenger, E. (1998). Communities of Practice. Learning, Meaning, and Identity. Cambridge: University Press.

Wenger, E. & Lave, J. (1991). Situated learning: Legitimate peripheral participation. Cambridge: University Press.

Wolf, G. (2014). Zur Konstruktion des Erwachsenen. Grundlagen einer erwachsenen-pädagogischen Lerntheorie. Wiesbaden: Springer.